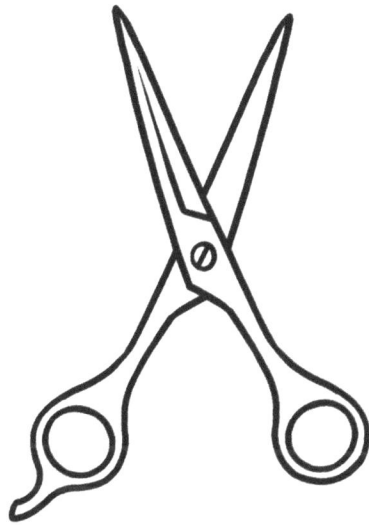

DEDICATION

This Hair Salon Appointment Book is dedicated to all the hair stylist enthusiasts out there who want to record their appointments and document their findings in the process.

You are my inspiration for producing books and I'm honored to be a part of keeping all of your appointment notes and records organized.
This journal notebook will help you record the details of your client schedule.

Thoughtfully put together with these sections to record: Contact Page, Time, Priorities, and Notes.

HOW TO USE THIS BOOK

The purpose of this book is to keep all of your Hair Appointment notes all in one place. It will help keep you organized.

This Hair Salon Appointment Book will allow you to accurately document every detail about your client schedule.

Here are examples of the prompts for you to fill in and write about your experience in this book:

1. Contact Page - Write your contact info.

2. Time - Starts at 7 am and ends at 9 pm in 15-minute increments.

3. Priorities - Record anything you have going on that day that takes priority.

4. Notes - Log any important client or customer that you don't want to forget, or anything that happened throughout the day.

PRIORITIES

NOTES

DATE

2	00	
	15	
	30	
	45	
3	00	
	15	
	30	
	45	
4	00	
	15	
	30	
	45	
5	00	
	15	
	30	
	45	
6	00	
	15	
	30	
	45	
7	00	
	15	
	30	
	45	
8	00	
	15	
	30	
	45	

PRIORITIES

NOTES

DATE		
2	00	
	15	
	30	
	45	
3	00	
	15	
	30	
	45	
4	00	
	15	
	30	
	45	
5	00	
	15	
	30	
	45	
6	00	
	15	
	30	
	45	
7	00	
	15	
	30	
	45	
8	00	
	15	
	30	
	45	

PRIORITIES

NOTES

DATE

2	00	
	15	
	30	
	45	
3	00	
	15	
	30	
	45	
4	00	
	15	
	30	
	45	
5	00	
	15	
	30	
	45	
6	00	
	15	
	30	
	45	
7	00	
	15	
	30	
	45	
8	00	
	15	
	30	
	45	

PRIORITIES

NOTES

DATE		
2	00	
	15	
	30	
	45	
3	00	
	15	
	30	
	45	
4	00	
	15	
	30	
	45	
5	00	
	15	
	30	
	45	
6	00	
	15	
	30	
	45	
7	00	
	15	
	30	
	45	
8	00	
	15	
	30	
	45	

PRIORITIES

NOTES

DATE		
2	00	
	15	
	30	
	45	
3	00	
	15	
	30	
	45	
4	00	
	15	
	30	
	45	
5	00	
	15	
	30	
	45	
6	00	
	15	
	30	
	45	
7	00	
	15	
	30	
	45	
8	00	
	15	
	30	
	45	

PRIORITIES

NOTES

DATE		
2	00	
	15	
	30	
	45	
3	00	
	15	
	30	
	45	
4	00	
	15	
	30	
	45	
5	00	
	15	
	30	
	45	
6	00	
	15	
	30	
	45	
7	00	
	15	
	30	
	45	
8	00	
	15	
	30	
	45	

PRIORITIES

NOTES

DATE		
2	00	
	15	
	30	
	45	
3	00	
	15	
	30	
	45	
4	00	
	15	
	30	
	45	
5	00	
	15	
	30	
	45	
6	00	
	15	
	30	
	45	
7	00	
	15	
	30	
	45	
8	00	
	15	
	30	
	45	

PRIORITIES

NOTES

DATE		
2	00	
	15	
	30	
	45	
3	00	
	15	
	30	
	45	
4	00	
	15	
	30	
	45	
5	00	
	15	
	30	
	45	
6	00	
	15	
	30	
	45	
7	00	
	15	
	30	
	45	
8	00	
	15	
	30	
	45	

PRIORITIES

NOTES

DATE		
2	00	
	15	
	30	
	45	
3	00	
	15	
	30	
	45	
4	00	
	15	
	30	
	45	
5	00	
	15	
	30	
	45	
6	00	
	15	
	30	
	45	
7	00	
	15	
	30	
	45	
8	00	
	15	
	30	
	45	

PRIORITIES

NOTES

DATE		
2	00	
	15	
	30	
	45	
3	00	
	15	
	30	
	45	
4	00	
	15	
	30	
	45	
5	00	
	15	
	30	
	45	
6	00	
	15	
	30	
	45	
7	00	
	15	
	30	
	45	
8	00	
	15	
	30	
	45	

PRIORITIES

NOTES

DATE

2	00	
	15	
	30	
	45	
3	00	
	15	
	30	
	45	
4	00	
	15	
	30	
	45	
5	00	
	15	
	30	
	45	
6	00	
	15	
	30	
	45	
7	00	
	15	
	30	
	45	
8	00	
	15	
	30	
	45	

PRIORITIES

NOTES

DATE		
2	00	
	15	
	30	
	45	
3	00	
	15	
	30	
	45	
4	00	
	15	
	30	
	45	
5	00	
	15	
	30	
	45	
6	00	
	15	
	30	
	45	
7	00	
	15	
	30	
	45	
8	00	
	15	
	30	
	45	

PRIORITIES

NOTES

DATE

2	00	
	15	
	30	
	45	
3	00	
	15	
	30	
	45	
4	00	
	15	
	30	
	45	
5	00	
	15	
	30	
	45	
6	00	
	15	
	30	
	45	
7	00	
	15	
	30	
	45	
8	00	
	15	
	30	
	45	

PRIORITIES

NOTES

DATE

2	00	
	15	
	30	
	45	
3	00	
	15	
	30	
	45	
4	00	
	15	
	30	
	45	
5	00	
	15	
	30	
	45	
6	00	
	15	
	30	
	45	
7	00	
	15	
	30	
	45	
8	00	
	15	
	30	
	45	

PRIORITIES

NOTES

DATE

2	00	
	15	
	30	
	45	
3	00	
	15	
	30	
	45	
4	00	
	15	
	30	
	45	
5	00	
	15	
	30	
	45	
6	00	
	15	
	30	
	45	
7	00	
	15	
	30	
	45	
8	00	
	15	
	30	
	45	

DATE		
2	00	
	15	
	30	
	45	
3	00	
	15	
	30	
	45	
4	00	
	15	
	30	
	45	
5	00	
	15	
	30	
	45	
6	00	
	15	
	30	
	45	
7	00	
	15	
	30	
	45	
8	00	
	15	
	30	
	45	

NOTES

PRIORITIES

NOTES

DATE

2	00	
	15	
	30	
	45	
3	00	
	15	
	30	
	45	
4	00	
	15	
	30	
	45	
5	00	
	15	
	30	
	45	
0	00	
	15	
	30	
	45	
7	00	
	15	
	30	
	45	
8	00	
	15	
	30	
	45	

PRIORITIES

NOTES

DATE

2	00	
	15	
	30	
	45	
3	00	
	15	
	30	
	45	
4	00	
	15	
	30	
	45	
5	00	
	15	
	30	
	45	
6	00	
	15	
	30	
	45	
7	00	
	15	
	30	
	45	
8	00	
	15	
	30	
	45	

PRIORITIES

NOTES

DATE

2	00	
	15	
	30	
	45	
3	00	
	15	
	30	
	45	
4	00	
	15	
	30	
	45	
5	00	
	15	
	30	
	45	
6	00	
	15	
	30	
	45	
7	00	
	15	
	30	
	45	
8	00	
	15	
	30	
	45	

PRIORITIES

NOTES

DATE

2	00	
	15	
	30	
	45	
3	00	
	15	
	30	
	45	
4	00	
	15	
	30	
	45	
5	00	
	15	
	30	
	45	
6	00	
	15	
	30	
	45	
7	00	
	15	
	30	
	45	
8	00	
	15	
	30	
	45	

PRIORITIES

NOTES

DATE		
2	00	
	15	
	30	
	45	
3	00	
	15	
	30	
	45	
4	00	
	15	
	30	
	45	
5	00	
	15	
	30	
	45	
6	00	
	15	
	30	
	45	
7	00	
	15	
	30	
	45	
8	00	
	15	
	30	
	45	

PRIORITIES

NOTES

DATE		
2	00	
	15	
	30	
	45	
3	00	
	15	
	30	
	45	
4	00	
	15	
	30	
	45	
5	00	
	15	
	30	
	45	
6	00	
	15	
	30	
	45	
7	00	
	15	
	30	
	45	
8	00	
	15	
	30	
	45	

PRIORITIES

NOTES

DATE

2	00	
	15	
	30	
	45	
3	00	
	15	
	30	
	45	
4	00	
	15	
	30	
	45	
5	00	
	15	
	30	
	45	
6	00	
	15	
	30	
	45	
7	00	
	15	
	30	
	45	
8	00	
	15	
	30	
	45	

PRIORITIES

NOTES

DATE		
2	00	
	15	
	30	
	45	
3	00	
	15	
	30	
	45	
4	00	
	15	
	30	
	45	
5	00	
	15	
	30	
	45	
6	00	
	15	
	30	
	45	
7	00	
	15	
	30	
	45	
8	00	
	15	
	30	
	45	

PRIORITIES

NOTES

DATE

2	00	
	15	
	30	
	45	
3	00	
	15	
	30	
	45	
4	00	
	15	
	30	
	45	
5	00	
	15	
	30	
	45	
6	00	
	15	
	30	
	45	
7	00	
	15	
	30	
	45	
8	00	
	15	
	30	
	45	

PRIORITIES

NOTES

DATE		
2	00	
	15	
	30	
	45	
3	00	
	15	
	30	
	45	
4	00	
	15	
	30	
	45	
5	00	
	15	
	30	
	45	
6	00	
	15	
	30	
	45	
7	00	
	15	
	30	
	45	
8	00	
	15	
	30	
	45	

PRIORITIES

NOTES

DATE

2	00	
	15	
	30	
	45	
3	00	
	15	
	30	
	45	
4	00	
	15	
	30	
	45	
5	00	
	15	
	30	
	45	
6	00	
	15	
	30	
	45	
7	00	
	15	
	30	
	45	
8	00	
	15	
	30	
	45	

PRIORITIES

NOTES

DATE

2	00	
	15	
	30	
	45	
3	00	
	15	
	30	
	45	
4	00	
	15	
	30	
	45	
5	00	
	15	
	30	
	45	
6	00	
	15	
	30	
	45	
7	00	
	15	
	30	
	45	
8	00	
	15	
	30	
	45	

PRIORITIES

NOTES

DATE

2	00	
	15	
	30	
	45	
3	00	
	15	
	30	
	45	
4	00	
	15	
	30	
	45	
5	00	
	15	
	30	
	45	
6	00	
	15	
	30	
	45	
7	00	
	15	
	30	
	45	
8	00	
	15	
	30	
	45	

PRIORITIES

NOTES

DATE		
2	00	
	15	
	30	
	45	
3	00	
	15	
	30	
	45	
4	00	
	15	
	30	
	45	
5	00	
	15	
	30	
	45	
6	00	
	15	
	30	
	45	
7	00	
	15	
	30	
	45	
8	00	
	15	
	30	
	45	

PRIORITIES

NOTES

DATE

2	00	
	15	
	30	
	45	
3	00	
	15	
	30	
	45	
4	00	
	15	
	30	
	45	
5	00	
	15	
	30	
	45	
6	00	
	15	
	30	
	45	
7	00	
	15	
	30	
	45	
8	00	
	15	
	30	
	45	

PRIORITIES

NOTES

DATE

2	00	
	15	
	30	
	45	
3	00	
	15	
	30	
	45	
4	00	
	15	
	30	
	45	
5	00	
	15	
	30	
	45	
6	00	
	15	
	30	
	45	
7	00	
	15	
	30	
	45	
8	00	
	15	
	30	
	45	

PRIORITIES

NOTES

DATE

2	00	
	15	
	30	
	45	
3	00	
	15	
	30	
	45	
4	00	
	15	
	30	
	45	
5	00	
	15	
	30	
	45	
6	00	
	15	
	30	
	45	
7	00	
	15	
	30	
	45	
8	00	
	15	
	30	
	45	

PRIORITIES

NOTES

DATE

2	00	
	15	
	30	
	45	
3	00	
	15	
	30	
	45	
4	00	
	15	
	30	
	45	
5	00	
	15	
	30	
	45	
6	00	
	15	
	30	
	45	
7	00	
	15	
	30	
	45	
8	00	
	15	
	30	
	45	

PRIORITIES

NOTES

DATE

2	00	
	15	
	30	
	45	
3	00	
	15	
	30	
	45	
4	00	
	15	
	30	
	45	
5	00	
	15	
	30	
	45	
6	00	
	15	
	30	
	45	
7	00	
	15	
	30	
	45	
8	00	
	15	
	30	
	45	

PRIORITIES

NOTES

DATE

2	00	
	15	
	30	
	45	
3	00	
	15	
	30	
	45	
4	00	
	15	
	30	
	45	
5	00	
	15	
	30	
	45	
6	00	
	15	
	30	
	45	
7	00	
	15	
	30	
	45	
8	00	
	15	
	30	
	45	

PRIORITIES

NOTES

DATE

2	00	
	15	
	30	
	45	
3	00	
	15	
	30	
	45	
4	00	
	15	
	30	
	45	
5	00	
	15	
	30	
	45	
6	00	
	15	
	30	
	45	
7	00	
	15	
	30	
	45	
8	00	
	15	
	30	
	45	

PRIORITIES

DATE

2	00	
	15	
	30	
	45	
3	00	
	15	
	30	
	45	
4	00	
	15	
	30	
	45	
5	00	
	15	
	30	
	45	
6	00	
	15	
	30	
	45	
7	00	
	15	
	30	
	45	
8	00	
	15	
	30	
	45	

NOTES

PRIORITIES

NOTES

DATE

2	00	
	15	
	30	
	45	
3	00	
	15	
	30	
	45	
4	00	
	15	
	30	
	45	
5	00	
	15	
	30	
	45	
6	00	
	15	
	30	
	45	
7	00	
	15	
	30	
	45	
8	00	
	15	
	30	
	45	

PRIORITIES

NOTES

DATE		
2	00	
	15	
	30	
	45	
3	00	
	15	
	30	
	45	
4	00	
	15	
	30	
	45	
5	00	
	15	
	30	
	45	
6	00	
	15	
	30	
	45	
7	00	
	15	
	30	
	45	
8	00	
	15	
	30	
	45	

PRIORITIES

NOTES

DATE

2	00	
	15	
	30	
	45	
3	00	
	15	
	30	
	45	
4	00	
	15	
	30	
	45	
5	00	
	15	
	30	
	45	
6	00	
	15	
	30	
	45	
7	00	
	15	
	30	
	45	
8	00	
	15	
	30	
	45	

PRIORITIES

NOTES

DATE		
2	00	
	15	
	30	
	45	
3	00	
	15	
	30	
	45	
4	00	
	15	
	30	
	45	
5	00	
	15	
	30	
	45	
6	00	
	15	
	30	
	45	
7	00	
	15	
	30	
	45	
8	00	
	15	
	30	
	45	

PRIORITIES

NOTES

DATE

2	00	
	15	
	30	
	45	
3	00	
	15	
	30	
	45	
4	00	
	15	
	30	
	45	
5	00	
	15	
	30	
	45	
6	00	
	15	
	30	
	45	
7	00	
	15	
	30	
	45	
8	00	
	15	
	30	
	45	

PRIORITIES

NOTES

DATE

2	00	
	15	
	30	
	45	
3	00	
	15	
	30	
	45	
4	00	
	15	
	30	
	45	
5	00	
	15	
	30	
	45	
6	00	
	15	
	30	
	45	
7	00	
	15	
	30	
	45	
8	00	
	15	
	30	
	45	

PRIORITIES

NOTES

DATE

2	00	
	15	
	30	
	45	
3	00	
	15	
	30	
	45	
4	00	
	15	
	30	
	45	
5	00	
	15	
	30	
	45	
6	00	
	15	
	30	
	45	
7	00	
	15	
	30	
	45	
8	00	
	15	
	30	
	45	

PRIORITIES

NOTES

DATE		
2	00	
	15	
	30	
	45	
3	00	
	15	
	30	
	45	
4	00	
	15	
	30	
	45	
5	00	
	15	
	30	
	45	
6	00	
	15	
	30	
	45	
7	00	
	15	
	30	
	45	
8	00	
	15	
	30	
	45	

PRIORITIES

NOTES

DATE

2	00	
	15	
	30	
	45	
3	00	
	15	
	30	
	45	
4	00	
	15	
	30	
	45	
5	00	
	15	
	30	
	45	
6	00	
	15	
	30	
	45	
7	00	
	15	
	30	
	45	
8	00	
	15	
	30	
	45	

PRIORITIES

NOTES

DATE		
2	00	
	15	
	30	
	45	
3	00	
	15	
	30	
	45	
4	00	
	15	
	30	
	45	
5	00	
	15	
	30	
	45	
6	00	
	15	
	30	
	45	
7	00	
	15	
	30	
	45	
8	00	
	15	
	30	
	45	

PRIORITIES

DATE		
2	00	
	15	
	30	
	45	
3	00	
	15	
	30	
	45	
4	00	
	15	
	30	
	45	
5	00	
	15	
	30	
	45	
6	00	
	15	
	30	
	45	
7	00	
	15	
	30	
	45	
8	00	
	15	
	30	
	45	

NOTES

PRIORITIES

NOTES

DATE		
2	00	
	15	
	30	
	45	
3	00	
	15	
	30	
	45	
4	00	
	15	
	30	
	45	
5	00	
	15	
	30	
	45	
6	00	
	15	
	30	
	45	
7	00	
	15	
	30	
	45	
8	00	
	15	
	30	
	45	

PRIORITIES

NOTES

DATE

2	00	
	15	
	30	
	45	
3	00	
	15	
	30	
	45	
4	00	
	15	
	30	
	45	
5	00	
	15	
	30	
	45	
6	00	
	15	
	30	
	45	
7	00	
	15	
	30	
	45	
8	00	
	15	
	30	
	45	

PRIORITIES

NOTES

DATE		
2	00	
	15	
	30	
	45	
3	00	
	15	
	30	
	45	
4	00	
	15	
	30	
	45	
5	00	
	15	
	30	
	45	
6	00	
	15	
	30	
	45	
7	00	
	15	
	30	
	45	
8	00	
	15	
	30	
	45	

PRIORITIES

NOTES

DATE

2	00	
	15	
	30	
	45	
3	00	
	15	
	30	
	45	
4	00	
	15	
	30	
	45	
5	00	
	15	
	30	
	45	
6	00	
	15	
	30	
	45	
7	00	
	15	
	30	
	45	
8	00	
	15	
	30	
	45	

PRIORITIES

NOTES

DATE

2	00	
	15	
	30	
	45	
3	00	
	15	
	30	
	45	
4	00	
	15	
	30	
	45	
5	00	
	15	
	30	
	45	
6	00	
	15	
	30	
	45	
7	00	
	15	
	30	
	45	
8	00	
	15	
	30	
	45	

PRIORITIES

NOTES

DATE

2	00	
	15	
	30	
	45	
3	00	
	15	
	30	
	45	
4	00	
	15	
	30	
	45	
5	00	
	15	
	30	
	45	
6	00	
	15	
	30	
	45	
7	00	
	15	
	30	
	45	
8	00	
	15	
	30	
	45	

PRIORITIES

NOTES

DATE

2	00	
	15	
	30	
	45	
3	00	
	15	
	30	
	45	
4	00	
	15	
	30	
	45	
5	00	
	15	
	30	
	45	
6	00	
	15	
	30	
	45	
7	00	
	15	
	30	
	45	
8	00	
	15	
	30	
	45	

PRIORITIES

NOTES

DATE		
2	00	
	15	
	30	
	45	
3	00	
	15	
	30	
	45	
4	00	
	15	
	30	
	45	
5	00	
	15	
	30	
	45	
6	00	
	15	
	30	
	45	
7	00	
	15	
	30	
	45	
8	00	
	15	
	30	
	45	

PRIORITIES

NOTES

DATE

2	00	
	15	
	30	
	45	
3	00	
	15	
	30	
	45	
4	00	
	15	
	30	
	45	
5	00	
	15	
	30	
	45	
6	00	
	15	
	30	
	45	
7	00	
	15	
	30	
	45	
8	00	
	15	
	30	
	45	

2	00	
	15	
	30	
	45	
3	00	
	15	
	30	
	45	
4	00	
	15	
	30	
	45	
5	00	
	15	
	30	
	45	
6	00	
	15	
	30	
	45	
7	00	
	15	
	30	
	45	
8	00	
	15	
	30	
	45	

NOTES

PRIORITIES

NOTES

DATE

2	00	
	15	
	30	
	45	
3	00	
	15	
	30	
	45	
4	00	
	15	
	30	
	45	
5	00	
	15	
	30	
	45	
6	00	
	15	
	30	
	45	
7	00	
	15	
	30	
	45	
8	00	
	15	
	30	
	45	

PRIORITIES

NOTES

DATE

2	00	
	15	
	30	
	45	
3	00	
	15	
	30	
	45	
4	00	
	15	
	30	
	45	
5	00	
	15	
	30	
	45	
6	00	
	15	
	30	
	45	
7	00	
	15	
	30	
	45	
8	00	
	15	
	30	
	45	

DATE		
2	00	
	15	
	30	
	45	
3	00	
	15	
	30	
	45	
4	00	
	15	
	30	
	45	
5	00	
	15	
	30	
	45	
6	00	
	15	
	30	
	45	
7	00	
	15	
	30	
	45	
8	00	
	15	
	30	
	45	

NOTES

PRIORITIES

NOTES

DATE		
2	00	
	15	
	30	
	45	
3	00	
	15	
	30	
	45	
4	00	
	15	
	30	
	45	
5	00	
	15	
	30	
	45	
6	00	
	15	
	30	
	45	
7	00	
	15	
	30	
	45	
8	00	
	15	
	30	
	45	

PRIORITIES

NOTES

DATE		
2	00	
	15	
	30	
	45	
3	00	
	15	
	30	
	45	
4	00	
	15	
	30	
	45	
5	00	
	15	
	30	
	45	
6	00	
	15	
	30	
	45	
7	00	
	15	
	30	
	45	
8	00	
	15	
	30	
	45	

PRIORITIES

NOTES

DATE

2	00	
	15	
	30	
	45	
3	00	
	15	
	30	
	45	
4	00	
	15	
	30	
	45	
5	00	
	15	
	30	
	45	
6	00	
	15	
	30	
	45	
7	00	
	15	
	30	
	45	
8	00	
	15	
	30	
	45	

PRIORITIES

NOTES

DATE

2	00	
	15	
	30	
	45	
3	00	
	15	
	30	
	45	
4	00	
	15	
	30	
	45	
5	00	
	15	
	30	
	45	
6	00	
	15	
	30	
	45	
7	00	
	15	
	30	
	45	
8	00	
	15	
	30	
	45	

PRIORITIES

NOTES

DATE

2	00	
	15	
	30	
	45	
3	00	
	15	
	30	
	45	
4	00	
	15	
	30	
	45	
5	00	
	15	
	30	
	45	
6	00	
	15	
	30	
	45	
7	00	
	15	
	30	
	45	
8	00	
	15	
	30	
	45	

PRIORITIES

NOTES

DATE		
2	00	
	15	
	30	
	45	
3	00	
	15	
	30	
	45	
4	00	
	15	
	30	
	45	
5	00	
	15	
	30	
	45	
6	00	
	15	
	30	
	45	
7	00	
	15	
	30	
	45	
8	00	
	15	
	30	
	45	

PRIORITIES

NOTES

DATE

2	00	
	15	
	30	
	45	
3	00	
	15	
	30	
	45	
4	00	
	15	
	30	
	45	
5	00	
	15	
	30	
	45	
6	00	
	15	
	30	
	45	
7	00	
	15	
	30	
	45	
8	00	
	15	
	30	
	45	

PRIORITIES

NOTES

DATE

2	00	
	15	
	30	
	45	
3	00	
	15	
	30	
	45	
4	00	
	15	
	30	
	45	
5	00	
	15	
	30	
	45	
6	00	
	15	
	30	
	45	
7	00	
	15	
	30	
	45	
8	00	
	15	
	30	
	45	

PRIORITIES

NOTES

DATE		
2	00	
	15	
	30	
	45	
3	00	
	15	
	30	
	45	
4	00	
	15	
	30	
	45	
5	00	
	15	
	30	
	45	
6	00	
	15	
	30	
	45	
7	00	
	15	
	30	
	45	
8	00	
	15	
	30	
	45	

PRIORITIES

NOTES

DATE		
2	00	
	15	
	30	
	45	
3	00	
	15	
	30	
	45	
4	00	
	15	
	30	
	45	
5	00	
	15	
	30	
	45	
6	00	
	15	
	30	
	45	
7	00	
	15	
	30	
	45	
8	00	
	15	
	30	
	45	

PRIORITIES

NOTES

DATE

2	00	
	15	
	30	
	45	
3	00	
	15	
	30	
	45	
4	00	
	15	
	30	
	45	
5	00	
	15	
	30	
	45	
6	00	
	15	
	30	
	45	
7	00	
	15	
	30	
	45	
8	00	
	15	
	30	
	45	

PRIORITIES

NOTES

DATE		
2	00	
	15	
	30	
	45	
3	00	
	15	
	30	
	45	
4	00	
	15	
	30	
	45	
5	00	
	15	
	30	
	45	
6	00	
	15	
	30	
	45	
7	00	
	15	
	30	
	45	
8	00	
	15	
	30	
	45	

PRIORITIES

NOTES

DATE

2	00	
	15	
	30	
	45	
3	00	
	15	
	30	
	45	
4	00	
	15	
	30	
	45	
5	00	
	15	
	30	
	45	
6	00	
	15	
	30	
	45	
7	00	
	15	
	30	
	45	
8	00	
	15	
	30	
	45	

PRIORITIES

NOTES

DATE		
2	00	
	15	
	30	
	45	
3	00	
	15	
	30	
	45	
4	00	
	15	
	30	
	45	
5	00	
	15	
	30	
	45	
6	00	
	15	
	30	
	45	
7	00	
	15	
	30	
	45	
8	00	
	15	
	30	
	45	

PRIORITIES

NOTES

DATE		
2	00	
	15	
	30	
	45	
3	00	
	15	
	30	
	45	
4	00	
	15	
	30	
	45	
5	00	
	15	
	30	
	45	
6	00	
	15	
	30	
	45	
7	00	
	15	
	30	
	45	
8	00	
	15	
	30	
	45	

PRIORITIES

NOTES

DATE		
2	00	
	15	
	30	
	45	
3	00	
	15	
	30	
	45	
4	00	
	15	
	30	
	45	
5	00	
	15	
	30	
	45	
6	00	
	15	
	30	
	45	
7	00	
	15	
	30	
	45	
8	00	
	15	
	30	
	45	

PRIORITIES

NOTES

DATE

2	00	
	15	
	30	
	45	
3	00	
	15	
	30	
	45	
4	00	
	15	
	30	
	45	
5	00	
	15	
	30	
	45	
6	00	
	15	
	30	
	45	
7	00	
	15	
	30	
	45	
8	00	
	15	
	30	
	45	

PRIORITIES

NOTES

DATE

2	00	
	15	
	30	
	45	
3	00	
	15	
	30	
	45	
4	00	
	15	
	30	
	45	
5	00	
	15	
	30	
	45	
6	00	
	15	
	30	
	45	
7	00	
	15	
	30	
	45	
8	00	
	15	
	30	
	45	

PRIORITIES

NOTES

DATE

2	00	
	15	
	30	
	45	
3	00	
	15	
	30	
	45	
4	00	
	15	
	30	
	45	
5	00	
	15	
	30	
	45	
6	00	
	15	
	30	
	45	
7	00	
	15	
	30	
	45	
8	00	
	15	
	30	
	45	

PRIORITIES

NOTES

DATE

2	00	
	15	
	30	
	45	
3	00	
	15	
	30	
	45	
4	00	
	15	
	30	
	45	
5	00	
	15	
	30	
	45	
6	00	
	15	
	30	
	45	
7	00	
	15	
	30	
	45	
8	00	
	15	
	30	
	45	

PRIORITIES

NOTES

DATE

2	00	
	15	
	30	
	45	
3	00	
	15	
	30	
	45	
4	00	
	15	
	30	
	45	
5	00	
	15	
	30	
	45	
6	00	
	15	
	30	
	45	
7	00	
	15	
	30	
	45	
8	00	
	15	
	30	
	45	

PRIORITIES

_____

_____

_____

_____

_____

_____

_____

_____

_____

_____

_____

NOTES

_____

_____

_____

_____

_____

_____

_____

_____

_____

_____

_____

DATE

2	00	
	15	
	30	
	45	
3	00	
	15	
	30	
	45	
4	00	
	15	
	30	
	45	
5	00	
	15	
	30	
	45	
6	00	
	15	
	30	
	45	
7	00	
	15	
	30	
	45	
8	00	
	15	
	30	
	45	

PRIORITIES

NOTES

DATE		
2	00	
	15	
	30	
	45	
3	00	
	15	
	30	
	45	
4	00	
	15	
	30	
	45	
5	00	
	15	
	30	
	45	
6	00	
	15	
	30	
	45	
7	00	
	15	
	30	
	45	
8	00	
	15	
	30	
	45	

PRIORITIES

NOTES

DATE		
2	00	
	15	
	30	
	45	
3	00	
	15	
	30	
	45	
4	00	
	15	
	30	
	45	
5	00	
	15	
	30	
	45	
6	00	
	15	
	30	
	45	
7	00	
	15	
	30	
	45	
8	00	
	15	
	30	
	45	

PRIORITIES

NOTES

DATE

2	00	
	15	
	30	
	45	
3	00	
	15	
	30	
	45	
4	00	
	15	
	30	
	45	
5	00	
	15	
	30	
	45	
6	00	
	15	
	30	
	45	
7	00	
	15	
	30	
	45	
8	00	
	15	
	30	
	45	

PRIORITIES

NOTES

DATE

2	00	
	15	
	30	
	45	
3	00	
	15	
	30	
	45	
4	00	
	15	
	30	
	45	
5	00	
	15	
	30	
	45	
6	00	
	15	
	30	
	45	
7	00	
	15	
	30	
	45	
8	00	
	15	
	30	
	45	

PRIORITIES

NOTES

DATE

2	00	
	15	
	30	
	45	
3	00	
	15	
	30	
	45	
4	00	
	15	
	30	
	45	
5	00	
	15	
	30	
	45	
6	00	
	15	
	30	
	45	
7	00	
	15	
	30	
	45	
8	00	
	15	
	30	
	45	

PRIORITIES

NOTES

DATE		
2	00	
	15	
	30	
	45	
3	00	
	15	
	30	
	45	
4	00	
	15	
	30	
	45	
5	00	
	15	
	30	
	45	
6	00	
	15	
	30	
	45	
7	00	
	15	
	30	
	45	
8	00	
	15	
	30	
	45	

PRIORITIES

NOTES

DATE

2	00	
	15	
	30	
	45	
3	00	
	15	
	30	
	45	
4	00	
	15	
	30	
	45	
5	00	
	15	
	30	
	45	
6	00	
	15	
	30	
	45	
7	00	
	15	
	30	
	45	
8	00	
	15	
	30	
	45	

PRIORITIES

NOTES

DATE		
2	00	
	15	
	30	
	45	
3	00	
	15	
	30	
	45	
4	00	
	15	
	30	
	45	
5	00	
	15	
	30	
	45	
6	00	
	15	
	30	
	45	
7	00	
	15	
	30	
	45	
8	00	
	15	
	30	
	45	

PRIORITIES

NOTES

DATE		
2	00	
	15	
	30	
	45	
3	00	
	15	
	30	
	45	
4	00	
	15	
	30	
	45	
5	00	
	15	
	30	
	45	
6	00	
	15	
	30	
	45	
7	00	
	15	
	30	
	45	
8	00	
	15	
	30	
	45	

PRIORITIES

NOTES

DATE		
2	00	
	15	
	30	
	45	
3	00	
	15	
	30	
	45	
4	00	
	15	
	30	
	45	
5	00	
	15	
	30	
	45	
6	00	
	15	
	30	
	45	
7	00	
	15	
	30	
	45	
8	00	
	15	
	30	
	45	

PRIORITIES

NOTES

DATE

2	00	
	15	
	30	
	45	
3	00	
	15	
	30	
	45	
4	00	
	15	
	30	
	45	
5	00	
	15	
	30	
	45	
6	00	
	15	
	30	
	45	
7	00	
	15	
	30	
	45	
8	00	
	15	
	30	
	45	

PRIORITIES

NOTES

DATE

2	00	
	15	
	30	
	45	
3	00	
	15	
	30	
	45	
4	00	
	15	
	30	
	45	
5	00	
	15	
	30	
	45	
6	00	
	15	
	30	
	45	
7	00	
	15	
	30	
	45	
8	00	
	15	
	30	
	45	

PRIORITIES

NOTES

DATE

2	00	
	15	
	30	
	45	
3	00	
	15	
	30	
	45	
4	00	
	15	
	30	
	45	
5	00	
	15	
	30	
	45	
6	00	
	15	
	30	
	45	
7	00	
	15	
	30	
	45	
8	00	
	15	
	30	
	45	

PRIORITIES

DATE		
2	00	
	15	
	30	
	45	
3	00	
	15	
	30	
	45	
4	00	
	15	
	30	
	45	
5	00	
	15	
	30	
	45	
6	00	
	15	
	30	
	45	
7	00	
	15	
	30	
	45	
8	00	
	15	
	30	
	45	

NOTES

PRIORITIES

NOTES

DATE

2	00	
	15	
	30	
	45	
3	00	
	15	
	30	
	45	
4	00	
	15	
	30	
	45	
5	00	
	15	
	30	
	45	
6	00	
	15	
	30	
	45	
7	00	
	15	
	30	
	45	
8	00	
	15	
	30	
	45	

www.ingramcontent.com/pod-product-compliance
Lightning Source LLC
Chambersburg PA
CBHW080601030426
42336CB00019B/3280